CONOCE LA HISTORIA DE ESTADOS UNIDOS

LA COMPRA DE LUISIANA

SETH LYNCH
TRADUCIDO POR ESTHER SARFATTI

Gareth Stevens
PUBLISHING

EN CONTEXTO

Please visit our website, www.garethstevens.com. For a free color catalog of all our high-quality books, call toll free 1-800-542-2595 or fax 1-877-542-2596.

Library of Congress Cataloging-in-Publication Data

Names: Lynch, Seth, author.
Title: La compra de Luisiana / Seth Lynch.
Description: New York : Gareth Stevens Publishing, 2019. | Series: Conoce la historia de Estados Unidos | Includes index.
Identifiers: LCCN 2017050824 | ISBN 9781538249420 (library bound) | ISBN 9781538249413 (pbk.)
Subjects: LCSH: Louisiana Purchase--Juvenile literature. | United States--Territorial expansion--History--19th century--Juvenile literature. | United States--History--1801-1809--Juvenile literature.
Classification: LCC E333 .L96 2019 | DDC 973.4/6--dc23 LC record available at https://lccn.loc.gov/2017050824

Published in 2020 by
Gareth Stevens Publishing
111 East 14th Street, Suite 349
New York, NY 10003

Copyright © 2020 Gareth Stevens Publishing

Translator: Esther Sarfatti
Designer: Samantha DeMartin
Editor: Kristen Nelson

Photo credits: Series art Christophe BOISSON/Shutterstock.com; (feather quill) Galushko Sergey/Shutterstock.com; (parchment) mollicart-design/Shutterstock.com; cover, p. 1 GraphicaArtis/Archive Photos/Getty Images; p. 5 Bardocz Peter/Shutterstock.com; p. 7 Kean Collection/Archive Photos/Getty Images; p. 9 Everett - Art/Shutterstock.com; p. 11 Interim Archives/Archive Photos/Getty Images; p. 13 The New York Historical Society/Archive Photos/Getty Images; pp. 15, 23, 25 Everett Historical/Shutterstock.com; pp. 17, 21 MPI/Archive Photos/Getty Images; p. 19 UniversalImagesGroup/Universal Images Group/Getty Images; p. 27 Glenn Asakawa/The Denver Post/Getty Images; p. 29 Sipley/Archive Photos/Getty Images.

All rights reserved. No part of this book may be reproduced in any form without permission in writing from the publisher, except by a reviewer.

Printed in the United States of America

CPSIA compliance information: Batch #CS18GS: For further information contact Gareth Stevens, New York, New York at 1-800-542-2595.

CONTENIDO

Todo sobre Luisiana 4
La tierra cambia de manos 6
El ascenso de Francia 8
Luisiana vuelve a ser francesa 10
La gran compra 14
¿Constitucional? 18
Las fronteras de Luisiana 20
Lewis y Clark 22
Los nuevos estados 28
Línea del tiempo de la compra de Luisiana 30
Glosario 31
Para más información 32
Índice 32

Las palabras del glosario se muestran en **negrita** la primera vez que aparecen en el texto.

TODO SOBRE LUISIANA

A mediados del siglo XVIII, tanto Gran Bretaña como España y Francia reclamaban grandes territorios en Norteamérica. Francia controlaba una parte amplia del **continente** conocida como Luisiana. En este lugar había un **puerto** importante llamado Nueva Orleans.

SI QUIERES SABER MÁS

Las fronteras de Luisiana se extendían desde el río Misisipi, al este, hasta las montañas Rocosas, al oeste, y desde Canadá, al norte, hasta el golfo de México, al sur.

NUEVA INGLATERRA

NUEVA FRANCIA

Océano Atlántico

NUEVA ESPAÑA

Golfo de México

FLORIDA

Mar Caribe

NORTEAMÉRICA
DESPUÉS DE 1748

BRITÁNICO — TERRITORIO DISPUTADO RECLAMADO POR GRAN BRETAÑA/FRANCIA

FRANCÉS — TERRITORIO RECLAMADO POR FRANCIA NO DISPUTADO

ESPAÑOL — TERRITORIO RECLAMADO POR ESPAÑA NO DISPUTADO

5

LA TIERRA CAMBIA DE MANOS

Hacia el final de la **guerra de los Siete Años**, Francia **cedió** Luisiana a España en 1762. Unos meses más tarde, la guerra terminó con la firma del **Tratado** de París. Este tratado también cedía a Gran Bretaña otras tierras francesas en Norteamérica.

SI QUIERES SABER MÁS

España también obtuvo el control del río Misisipi y de Nueva Orleans. En 1795, Estados Unidos llegó a un acuerdo con España para que los granjeros del oeste pudieran usar el río y el puerto para transportar productos estadounidenses.

EL ASCENSO DE FRANCIA

La **Revolución** francesa terminó en 1792, cuando los franceses derrocaron a su rey. Unos años después, en 1799, un líder llamado Napoleón Bonaparte llegó al poder con el nuevo Gobierno. Francia comenzó a recuperar su poder en la escena mundial.

LUISIANA VUELVE A SER FRANCESA

Napoleón **convenció** al rey de España para que devolviera Luisiana a Francia en el Tratado de San Ildefonso, el cual entró en vigor en 1802. Al Gobierno de Estados Unidos le preocupaba que los granjeros pudieran perder el uso del río Misisipi y del puerto de Nueva Orleans.

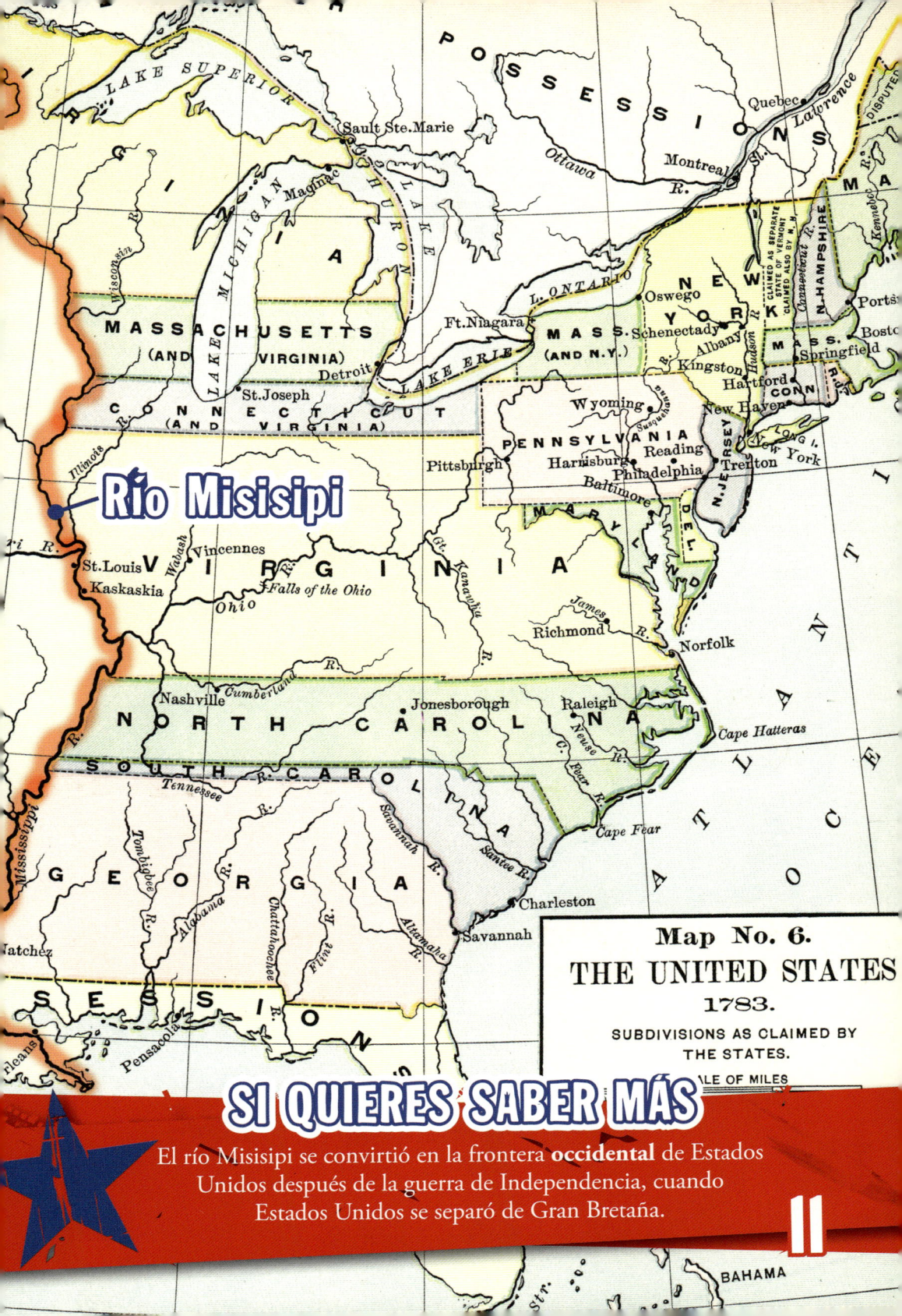

SI QUIERES SABER MÁS

El río Misisipi se convirtió en la frontera **occidental** de Estados Unidos después de la guerra de Independencia, cuando Estados Unidos se separó de Gran Bretaña.

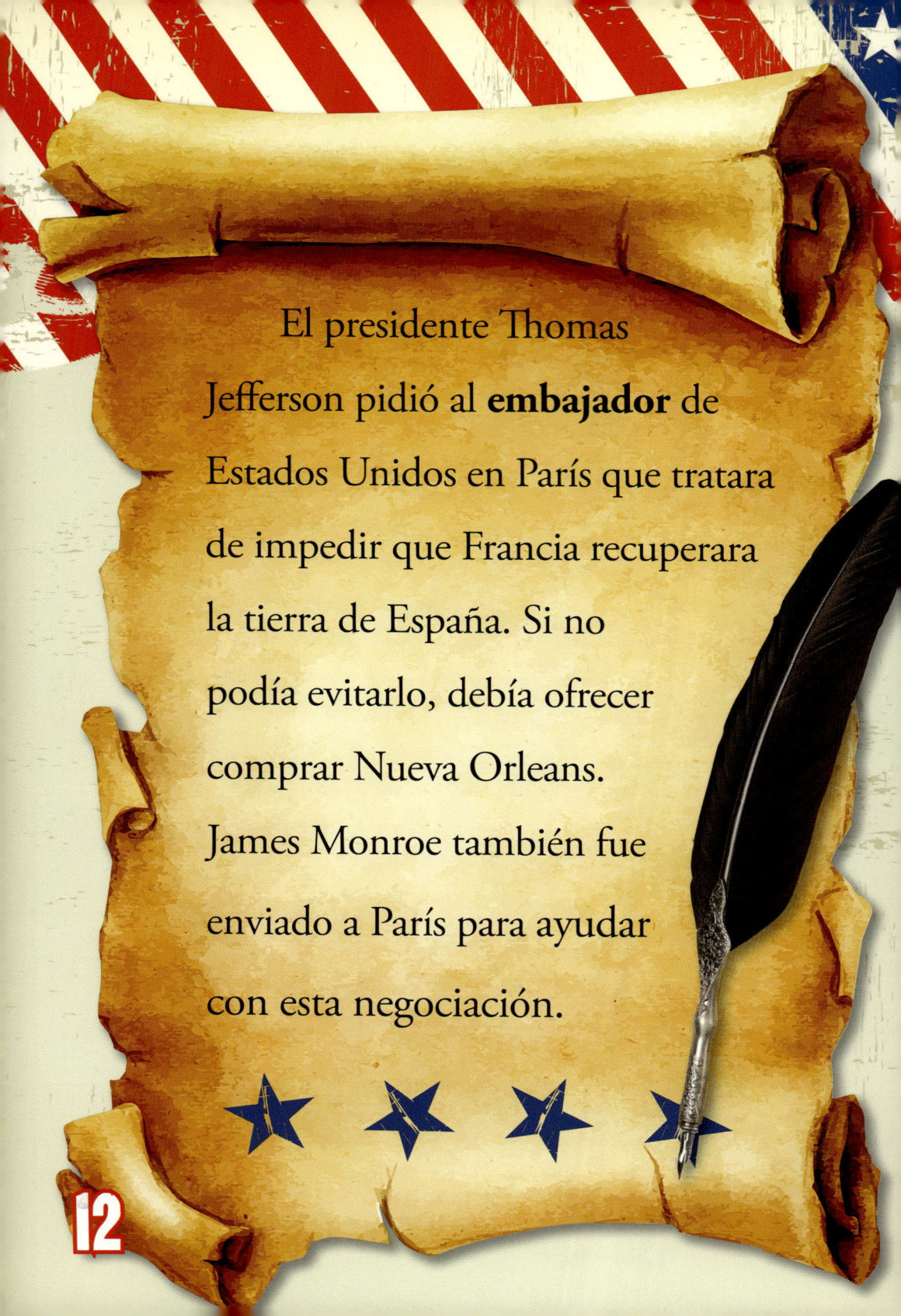

El presidente Thomas Jefferson pidió al **embajador** de Estados Unidos en París que tratara de impedir que Francia recuperara la tierra de España. Si no podía evitarlo, debía ofrecer comprar Nueva Orleans. James Monroe también fue enviado a París para ayudar con esta negociación.

SI QUIERES SABER MÁS

El embajador de Estados Unidos, Robert R. Livingston, dijo a los franceses que Estados Unidos iba a llegar a un acuerdo con Gran Bretaña. Él sabía que Napoleón no querría que eso pasara.

LA GRAN COMPRA

El presidente Jefferson había dicho que Livingston y Monroe podían ofrecer solo hasta 10 millones de dólares para comprar el territorio a Francia. Además, no tenían permiso para comprar toda Luisiana. Sin embargo, al **negociar** con Francia, llegaron a un acuerdo final de pago de 15 millones.

SI QUIERES SABER MÁS

El correo de Europa tardaba varias semanas e incluso meses en llegar a Estados Unidos. Livingston y Monroe se pusieron de acuerdo para comprar la tierra sin que Jefferson lo supiera porque no querían perder la oportunidad.

Presidente Thomas Jefferson

15

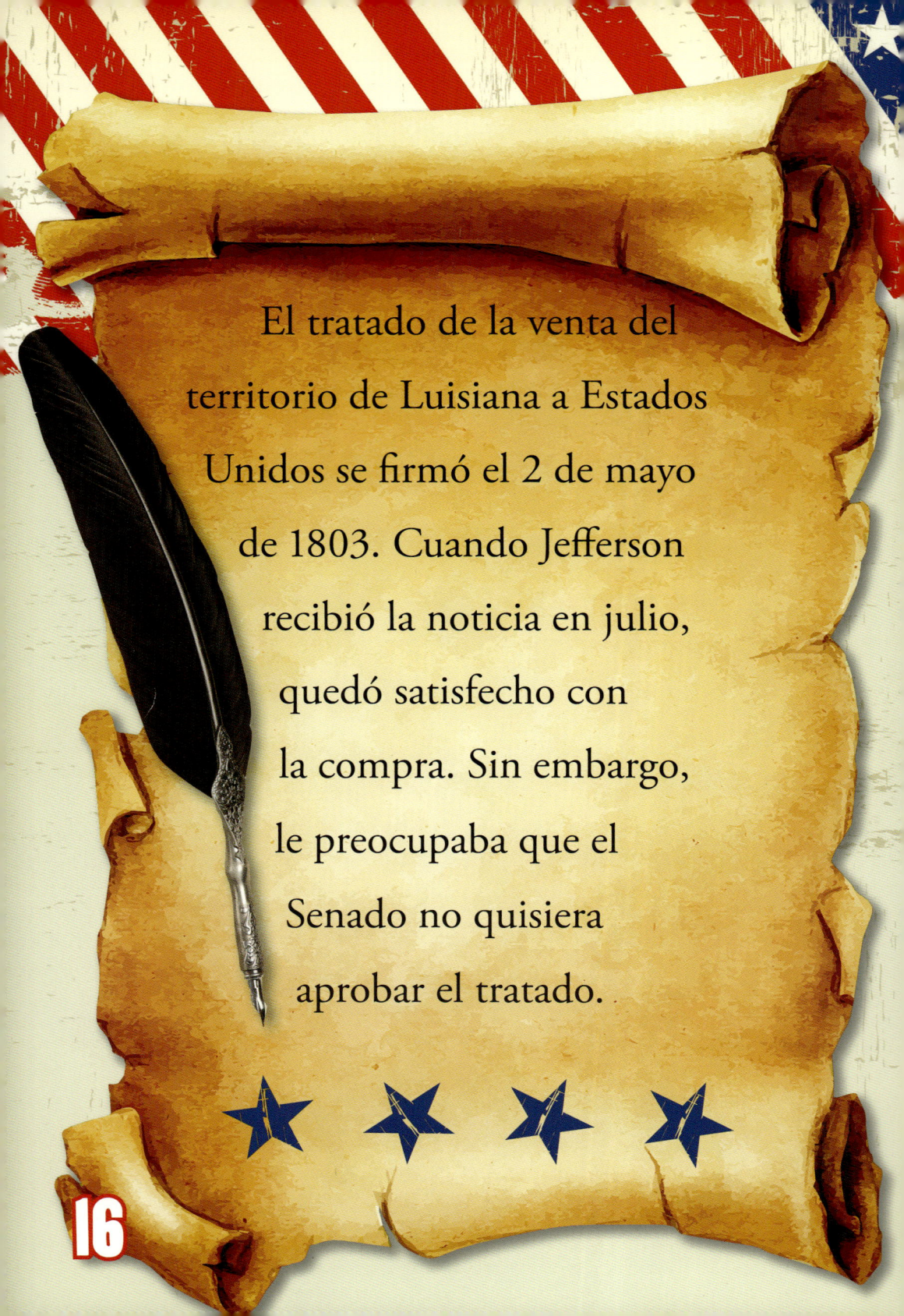

El tratado de la venta del territorio de Luisiana a Estados Unidos se firmó el 2 de mayo de 1803. Cuando Jefferson recibió la noticia en julio, quedó satisfecho con la compra. Sin embargo, le preocupaba que el Senado no quisiera aprobar el tratado.

SI QUIERES SABER MÁS

Francia vendió todo el territorio de Luisiana porque el país no tenía suficiente ejército para **defenderlo**. Además, Napoleón necesitaba dinero para luchar en caso de que entrara en guerra con Gran Bretaña.

¿CONSTITUCIONAL?

Jefferson no estaba seguro de que la Constitución de Estados Unidos le diera al presidente el poder de agregar un territorio tan grande al país. Pero el Senado aprobó el tratado. ¡Se agregaron unas 828,000 millas cuadradas (2,144,510 km^2) de tierra a Estados Unidos!

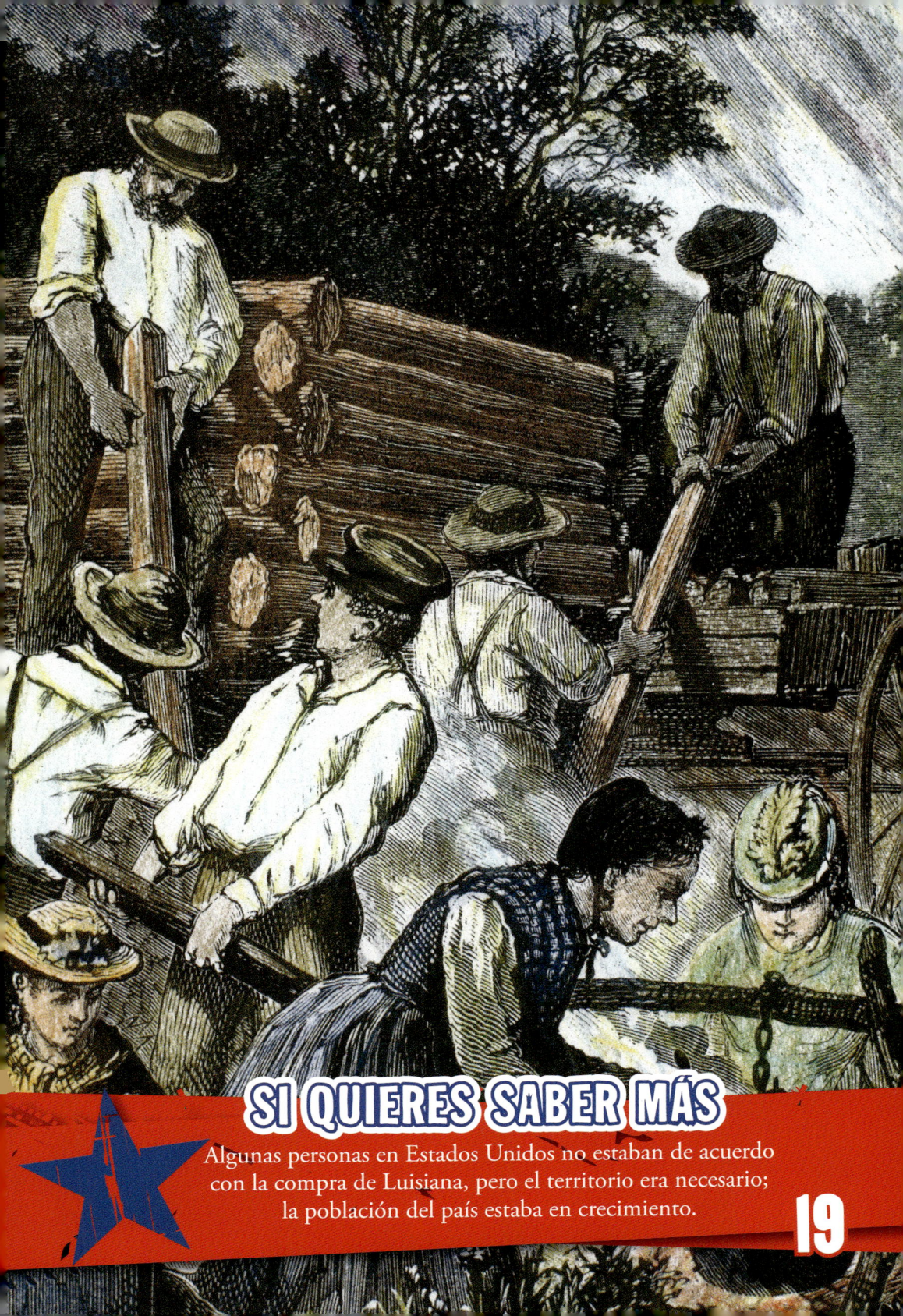

SI QUIERES SABER MÁS

Algunas personas en Estados Unidos no estaban de acuerdo con la compra de Luisiana, pero el territorio era necesario; la población del país estaba en crecimiento.

LAS FRONTERAS DE LUISIANA

Parte de los **límites** del nuevo territorio de Luisiana no estaban claros. El río Misisipi era el límite **oriental** y las montañas Rocosas el límite occidental. Estados Unidos, Gran Bretaña y España tardaron diez años en definir los demás límites.

SI QUIERES SABER MÁS

En 1818, Gran Bretaña y Estados Unidos se pusieron de acuerdo en una frontera norte. En 1819, España aceptó los límites del suroeste, así como de los actuales estados de Texas y Florida.

LEWIS Y CLARK

El presidente Jefferson pidió al capitán Meriwether Lewis que explorara el nuevo territorio de Luisiana. William Clark y treinta hombres más se unieron a Lewis. El grupo se llamó el Cuerpo de Descubrimiento. El 14 de mayo de 1804 comenzaron su viaje de exploración por el río Misuri.

Meriwether Lewis

SI QUIERES SABER MÁS

Jefferson esperaba que Lewis y Clark encontraran la vía marítima que los llevara al océano Pacífico. Se pensaba que el río Misuri podría ser esa vía.

23

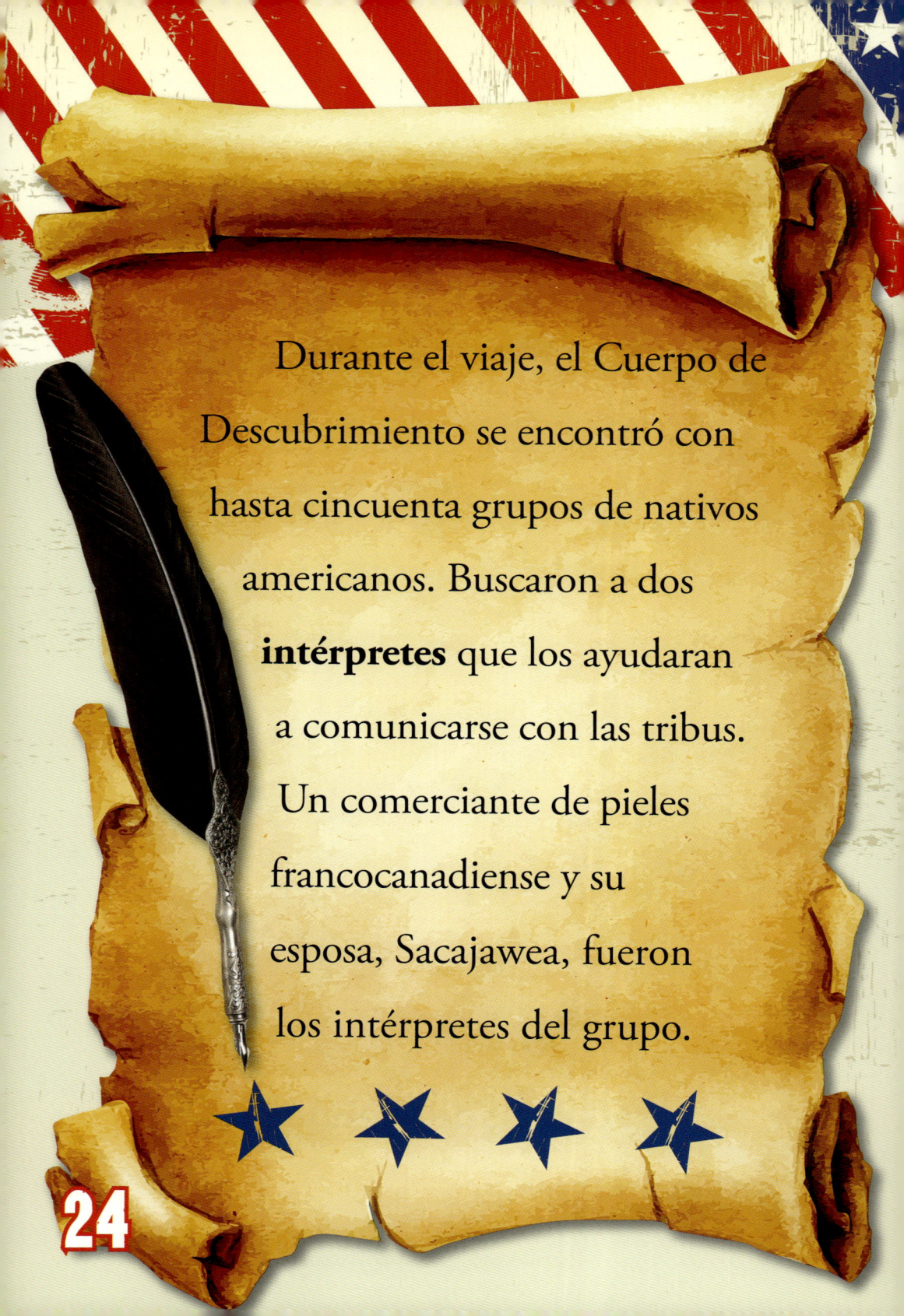

Durante el viaje, el Cuerpo de Descubrimiento se encontró con hasta cincuenta grupos de nativos americanos. Buscaron a dos **intérpretes** que los ayudaran a comunicarse con las tribus. Un comerciante de pieles francocanadiense y su esposa, Sacajawea, fueron los intérpretes del grupo.

SI QUIERES SABER MÁS

Sacajawea pertenecía a la tribu shoshone. Conocía a algunas de las tribus que encontraron por el camino. Su hijo, que era un bebé, también viajó con el equipo.

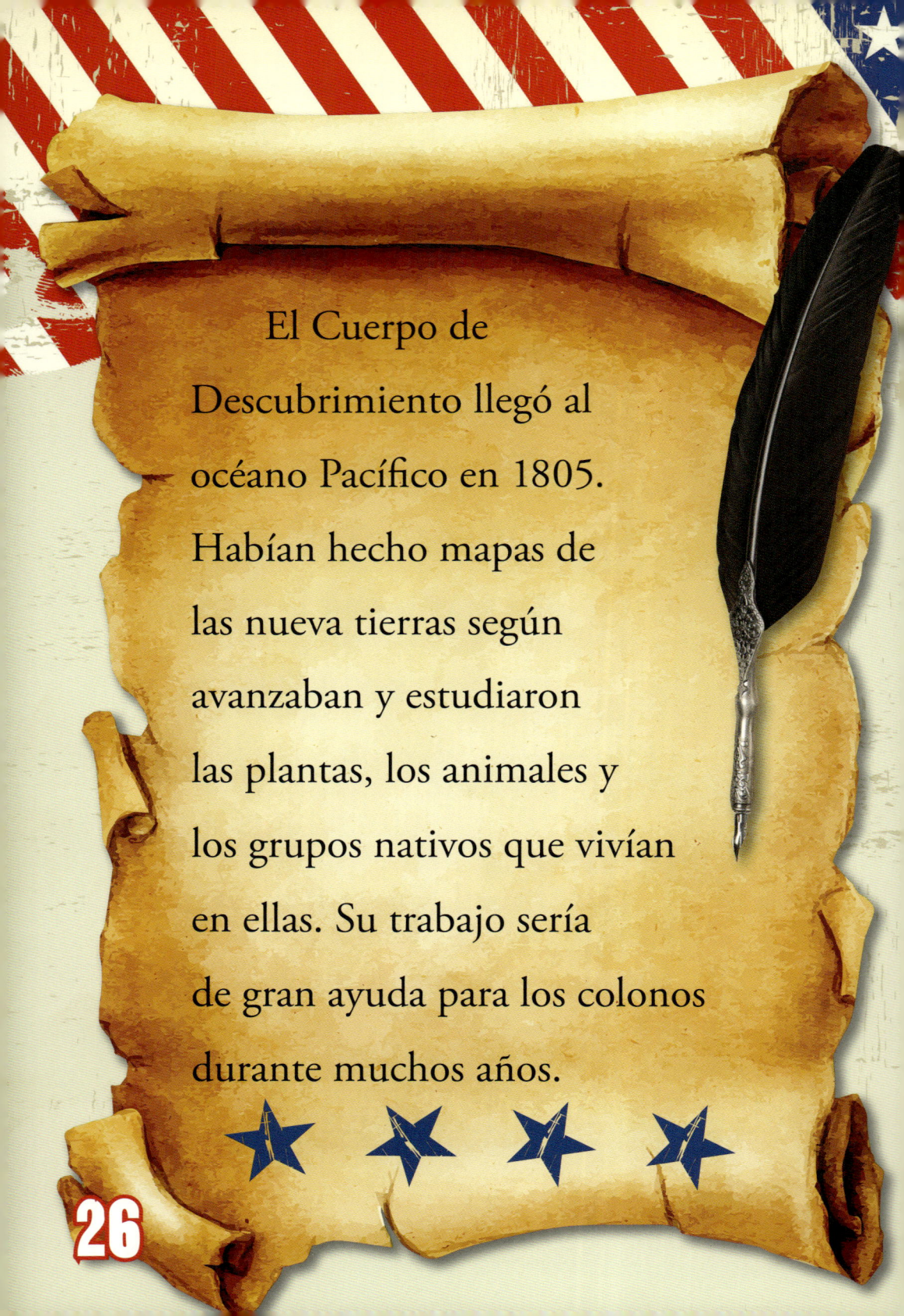

El Cuerpo de Descubrimiento llegó al océano Pacífico en 1805. Habían hecho mapas de las nueva tierras según avanzaban y estudiaron las plantas, los animales y los grupos nativos que vivían en ellas. Su trabajo sería de gran ayuda para los colonos durante muchos años.

SI QUIERES SABER MÁS

Lewis y Clark no encontraron una vía exclusivamente acuática que llegara al Pacífico. No obstante, durante su viaje, hicieron mapas de muchos ríos, entre ellos el Misuri y el Columbia.

LOS NUEVOS ESTADOS

La adición del territorio de Luisiana duplicó el tamaño de Estados Unidos. Pronto, el territorio se dividió en los estados de Arkansas, Luisiana, Misuri, Nebraska, Iowa, Oklahoma, Dakota del Norte y Dakota del Sur, así como partes de Kansas, Minesota, Wyoming, Montana y Colorado.

SI QUIERES SABER MÁS

Según se iban agregando nuevos estados a Estados Unidos, el tema de si se debería permitir la esclavitud en ellos creaba problemas para la joven nación.

LÍNEA DEL TIEMPO DE LA COMPRA DE LUISIANA

3 de noviembre de 1762
Francia cede el territorio de Luisiana a España.

1795
España otorga el derecho a Estados Unidos de usar el río Misisipi para transportar sus productos a través de Nueva Orleans.

1800
Francia recupera el territorio de Luisiana de España y se hace cargo de él en 1802.

enero de 1803
James Monroe es enviado a Francia para ayudar a negociar la compra de territorios a Francia.

2 de mayo de 1803
Estados Unidos y Francia firman el Tratado de la Compra de Luisiana.

octubre de 1803
El Senado aprueba el tratado para comprar el territorio de Luisiana.

14 de mayo de 1804
El Cuerpo de Descubrimiento comienza su viaje por el río Misuri.

GLOSARIO

ceder: dar control de algo a otra persona.

continente: una de las siete grandes extensiones de tierra.

convencer: hacer que otra persona crea algo.

defender: proteger de un daño.

embajador: persona que va a otro país para representar a su propio país.

guerra de los Siete Años: guerra que tuvo lugar de 1756 a 1763 entre varios países poderosos de Europa. Durante la guerra, también hubo luchas entre Gran Bretaña y Francia por el control de Norteamérica.

intérprete: alguien que conoce y puede decir el significado de otra lengua.

límite: algo que marca dónde termina una zona o lugar.

negociar: llegar a un acuerdo.

occidental: del oeste.

oriental: del este.

puerto: lugar en la costa o en la orilla de un río donde los barcos pueden cargar y descargar mercancías.

revolución: movimiento que quiere derrocar a un Gobierno establecido.

tratado: acuerdo entre países.

PARA MÁS INFORMACIÓN

Libros

O'Donoghue, Sean. *Thomas Jefferson and the Louisiana Purchase*. Nueva York, NY: PowerKids Press, 2017.

Rice, Katelyn. *The Great Leap Westward*. Huntington Beach, CA: Teacher Created Materials, 2017.

Sitios de Internet

Louisiana Purchase

www.monticello.org/site/jefferson/louisiana-purchase

Lee más acerca de la compra de Luisiana y descubre enlaces y más información acerca del presidente Thomas Jefferson.

Nota del editor para educadores y padres: nuestro personal especializado ha revisado cuidadosamente estos sitios web para asegurarse de que son apropiados para los estudiantes. Muchos sitios web cambian con frecuencia, por lo que no podemos garantizar que posteriores contenidos que se suban a esas páginas cumplan con nuestros estándares de calidad y valor educativo. Tengan presente que se debe supervisar cuidadosamente a los estudiantes siempre que tengan acceso al Internet.

ÍNDICE

Bonaparte, Napoleón, 8, 9, 10, 13, 17
Clark, William, 22, 23, 27
Cuerpo de Descubrimiento, 22, 24, 26, 30
España, 4, 6, 7, 10, 12, 20, 21, 30
Francia, 4, 6, 8, 9, 10, 12, 13, 14, 17, 30
Gran Bretaña, 4, 6, 11, 13, 17, 20, 21
Jefferson, Thomas, 12, 14, 15, 16, 18, 22, 23
Lewis, Meriwether, 22, 23, 27
Livingston, Robert R., 13, 14, 15
Monroe, James, 12, 14, 15, 30
Nueva Orleans, 4, 7, 10, 12, 30
río Misisipi, 5, 7, 10, 11, 20, 30
río Misuri, 22, 23, 30
Sacajawea, 24, 25